Wünsch dir

Wie sommerlich geht's in deinem Kleiderschrank zu? Welche Outfits oder Accessoires fehlen noch?

WUNSCHLISTE

Paradise Cool

Ein Top – drei tropische Stylings: Muscheln, Palmen oder süße Früchte? Du hast die Wahl! Mit Textilfarben und Schablonen aus diesem Heft kannst du dein eigenes Top kreieren!

Du brauchst:

- *1 weißes (oder helles) Top*
- *Textilfarben (Stifte oder flüssige Farben, Pinsel/ Rolle)*
- *1 spitze Schere oder Bastel- messer/Cutter*
- *Schablonen: Muschel, Erdbeere, Palme (Du findest sie auf der Seite „Basteln 1.")*
- *alte Zeitung*

SHELL CHIC

SWEET FRUIT

TROPICAL STAR

So geht's:

1. Lege das Zeitungspapier zwischen Vorder- und Rückseite des Tops.
2. Schneide die Schablonen aus und verteile sie nach Belieben auf dem Top.
3. Fülle die Aussparungen in den Schablonen mit Textilfarbe aus.
4. Lass die Farbe gut trocknen.

Gestalte deine eigene Clutch!

Zu einem perfekten Outfit gehört auch die passende Clutch! Mit deinem Lieblingsnagellack und sommerlichen Motiven wird aus jedem unscheinbaren Täschchen ein echter Hingucker!

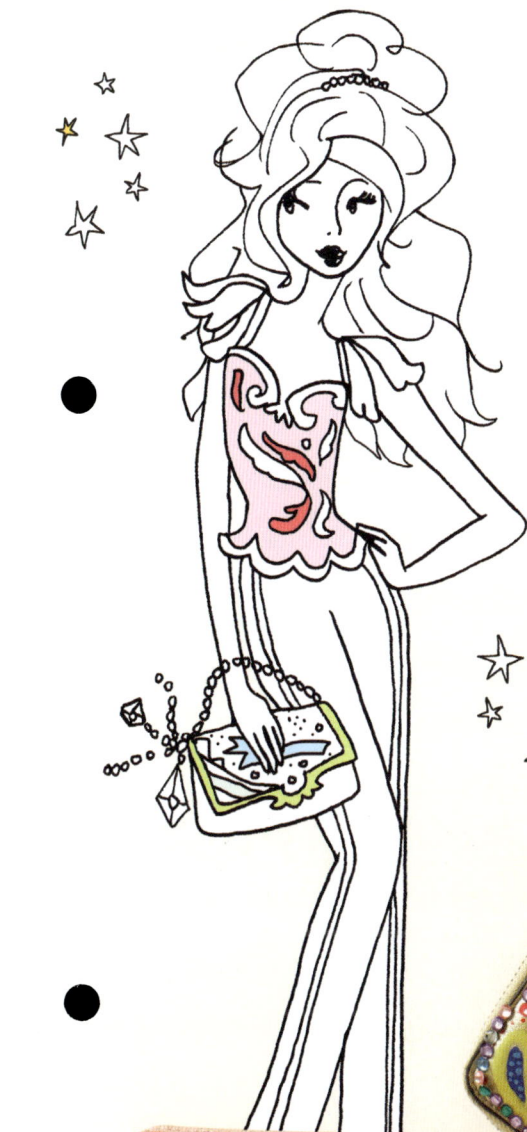

Gestalte deine eigene Clutch!

Du brauchst:

- 1 Clutch oder Portmonee aus (Kunst-)Leder
- Schablonen: Erdbeere, Muschel, Palme (Basteln 1)
- 1 Bleistift
- Nagellack in verschiedenen Farben
- 1 kleinen Pinsel (oder du verwendest den Pinsel vom Nagellack)
- Glitzersteine in verschiedenen Farben und Größen

So geht's:

1. Schneide die Schablone aus und lege sie auf die Clutch.
2. Zeichne die Konturen mit einem Bleistift nach, um das Motiv deiner Wahl auf die Clutch zu übertragen.
3. Fülle die Fläche zwischen den Linien mit Nagellack aus und dekoriere sie mit Glitzersteinen, solange der Nagellack noch feucht ist. Lass alles gut trocknen.

1

2

3

TIPP:

Für eine Melone zeichne mit dem Bleistift einfach zwei Halbkreise auf deine Clutch. Ziehe die Umrisse mit wasserfestem Stift nach und male sie mit Nagellack aus. Als Kerne klebe Glitzersteine auf.

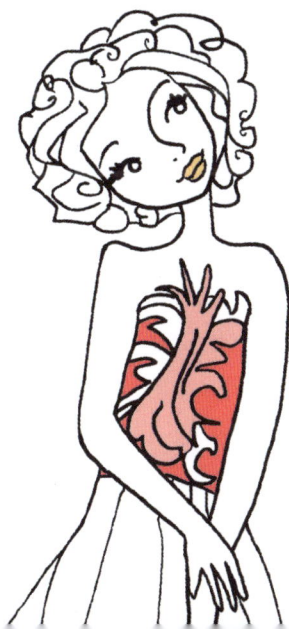

Für kleine Schätze

Kleine Geschenke erhalten die Freundschaft. Wie wäre es, wenn du dein Geschenk das nächste Mal in einer hübschen, selbst gebastelten Papiertüte überreichst?

Für kleine Schätze

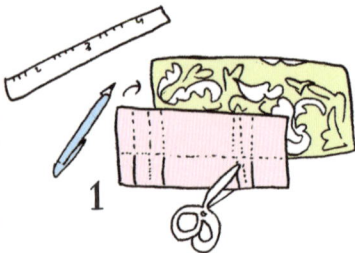

1

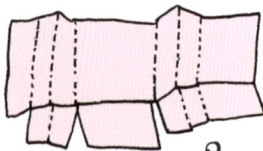

2

3

4

Du brauchst:

- Schablone: Papiertüte (Basteln 2)
- Bastelpapier
- Bleistift, Lineal und Bastelmesser/Cutter
- Bastelkleber
- 2 Stück Kordel (je 7 cm) für die Henkel
- buntes Seidenpapier

So geht's:

1. Schneide die Schablone aus und übertrage sie mit Bleistift auf die Rückseite des Bastelpapiers. Schneide die Form aus.

2. Übertrage nun auch die gestrichelten Linien (zum Falten) mit einem Lineal auf die Rückseite des zugeschnittenen Bastelpapiers. Falte das Papier an den gestrichelten Linien zu einer Tüte zusammen. Klebe die Seitenteile aneinander.

3. Für den Boden falte zuerst die zwei schmalen Streifen nach innen, dann die beiden breiten. Klebe alle drei Lagen zusammen.

4. Schneide die Kordel zu und klebe sie als Henkel an die Innenseiten der Tüte. Wickle zum Schluss das Geschenk in buntes Seidenpapier ein und lege es in die Papiertüte.

Strandgöttin

In jedem Mädchen schlummert eine kleine Göttin. Welche schlummert in dir? Und auf welches Accessoire solltest du bei deinem nächsten Strandbesuch auf keinen Fall verzichten, um alle zu verzaubern? Mach den Test!

Was machst du am liebsten, wenn du am Strand bist?

A In der Sonne liegen und dich bräunen.

B Steine und Muscheln sammeln.

C Ein Volleyball-Turnier organisieren.

Für wen schlägt dein Herz?

A Für den gut aussehenden Italiener mit Romeo-Charme.

B Für den coolen Surfer-Boy.

C Für den süßen Eisverkäufer.

Den perfekten Sommerabend verbringst du ...

A bei einem romantischen Dinner unter Sternen.

B am Lagerfeuer mit Freunden.

C bei leckeren Fruchtcocktails an der Strandbar.

ÜBERWIEGEND A: SOMMER-DIVA (MUSCHELN) · ÜBERWIEGEND B: HIPPIE-BEACH-GIRL (PERLEN) · ÜBERWIEGEND C: FRECHES FRÜCHTCHEN (FRÜCHTE)

Natürlich schön

Ob Sonnenbrand, trockene Haut oder strapaziertes Haar:
Die Natur weiß Rat! Obst und Gemüse sind nämlich nicht nur gesund
und lecker, sondern machen auch noch schön!

SONNENBRAND IM GESICHT

Das Zauberwort heißt: Gurke. Gurke beruhigt und kühlt die
Haut und spendet dabei jede Menge Feuchtigkeit. Lege
einige Gurkenscheiben auf dein Gesicht, spare die Augen-
partie aus. Lass den Saft einziehen. (Spüle dein Gesicht
danach nicht mit Wasser ab!)

TROCKENE HAUT

Verwöhne deine Haut mit einem reichhaltigen Peeling! Verrühre
dazu 4 Esslöffel Kokosmilch, 5 Esslöffel grobes Meersalz und
3 Esslöffel Olivenöl. Massiere deine Haut vorsichtig damit ein. Spüle
die Mischung anschließend mit warmem Wasser ab und bewundere
den tollen Glanz. (Dieses Peeling ist nicht fürs Gesicht geeignet!)

STRAPAZIERTES HAAR

Avocado ist deine Rettung! Für eine
pflegende Haarkur verrührst du eine
Avocado mit 3 Teelöffeln Honig und
einem Eigelb zu einer cremigen Masse.
Knete sie ins Haar und lass sie 15
Minuten einwirken. Spüle deine Haare
anschließend mit Wasser aus und wasche sie mit einem milden Shampoo.

From Nature with Love

Der größte Schönheitssalon ist die Natur! Sie hält alles bereit, was du brauchst, um tolle Beauty-Produkte selbst herzustellen!*

Coconut Beauty Drink

Kokosmilch ist nicht nur gut für die Haut, sie liefert dem Körper auch wertvolle Nährstoffe. Wie wäre es also mit einem köstlichen Kokos-Beauty-Drink für dich und deine Freundin?

Coconut Dream Bath

Dieses Kokos-Bad ist superschnell angerührt und wirkt Wunder auf deiner Haut!

Soft Coco Lips

Reibe deine Lippen einmal die Woche mit diesem pflegenden Kokos-Peeling ein. Sie werden sich hinterher samtweich anfühlen!

* Süße Schildchen zum Dekorieren findest du auf der Seite „Basteln 3".

Coconut Dream Bath

Du brauchst:

- 200 ml Kokosmilch
- 5 EL Honig
- 1 Topf
- 1 Flasche
- 1 Trichter

So geht's:

1. Erhitze die Kokosmilch in einem Topf, bis sie flüssig ist.
2. Gib den Honig hinzu und verquirle alles zu einer cremigen Masse.
3. Fülle die Mischung durch den Trichter in eine Flasche. Wundere dich nicht, wenn die Mischung wieder fest wird! Halte die Flasche einfach 1 Minute unter heißes Wasser, während du dir ein Bad einlässt.

Soft Coco Lips

Du brauchst:

- 2 TL Kokoscreme
- 1 TL Kokosraspel
- 1 TL Honig
- 1 TL weißen Zucker
- 1 kleinen Topf
- 1 kleinen Tiegel mit Schraubverschluss

So geht's:

1. Erhitze die Kokoscreme in einem kleinen Topf, bis sie flüssig ist.
2. Rühre Kokosraspel, Honig und Zucker unter und fülle die Mischung in einen kleinen Tiegel.

Coconut Beauty Drink

Du brauchst:

- 300 ml Ananassaft
- 100 ml Kokosmilch
- 2 TL Kokosraspel
- 1 Schneebesen
- 1 Trichter
- 2 dekorative Fläschchen
- 2 Strohhalme

So geht's:

1. Gieße Ananassaft, Kokosmilch und Kokosraspel in eine Schüssel und verrühre alles gründlich mit dem Schneebesen.
2. Fülle den Drink durch einen Trichter in zwei Fläschchen.
3. Serviere die Drinks mit einem Strohhalm.

TIPP:

Das Coconut Dream Bath eignet sich auch hervorragend als Pflegespülung! Es macht sprödes Haar geschmeidig und verleiht ihm neuen Glanz! Spüle das Haar anschließend mit lauwarmem Wasser aus und wasche es mit einem milden Shampoo.

Spieglein, Spieglein ...

Dieser süße Kosmetikspiegel ist ein Highlight auf jedem Schminktisch!

Spieglein, Spieglein ...

Du brauchst:

- Schablone: Bilderrahmen (Basteln 3)
- Bastelpapier
- 1 Bleistift
- 1 Schere und Bastelmesser/Cutter
- Bastelkleber
- Schaumstoffplatte, Format: A5, Dicke: 0,5 cm (gibt's im Bastelladen)
- Lidschatten und Lipgloss (in kleinen runden Tiegeln)
- 1 kleinen runden Spiegel

So geht's:

1. Schneide die Schablone an der Außenlinie aus und übertrage sie mit einem Bleistift auf die Schaumstoffplatte. Schneide die Form aus.

2. Platziere Lidschatten, Lipgloss und Spiegel auf der Schaumstoffplatte (dabei genügend Rand für den Rahmen lassen!). Übertrage nun mit Bleistift die Umrisse von Tiegeln und Spiegel auf die Schaumstoffplatte und schneide die Formen aus.

3. Lege die fertige Schaumstoffschablone auf das Bastelpapier, übertrage den äußeren Umriss und die Löcher (von Tiegeln und Spiegel) mit einem Bleistift und schneide alles aus.

4. Stecke Tiegel und Spiegel in die Löcher in der Schaumstoffplatte, wenn nötig, fixiere sie mit Kleber. Klebe das Bastelpapier auf, sodass Tiegel und Spiegel aus den Löchern herausschauen.

5. Schneide das Innere der Bilderrahmen-Schablone aus und klebe den äußeren Rahmen auf das Bastelpapier.

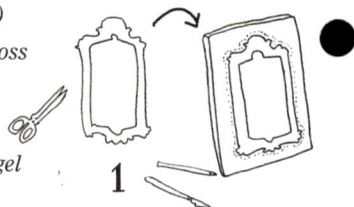

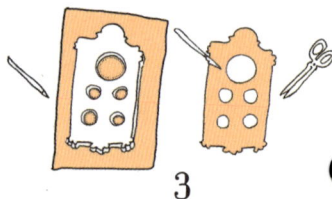

Sweet Summer Love

Verewige dich und deine Sommerliebe mit einem Foto!
(Nette Urlaubsbekanntschaften und Schokoeis zählen auch ...)

KLEBE HIER DAS FOTO EIN!

chic

Say it with the Sun

Das Tolle an diesen Sonnen-Tattoos: Sie sind keine Entscheidung für immer, sondern nur für einen Sommer!

Du brauchst:

- Schablonen: Herz, Schleife, Schloss, Schmetterling (Basteln 1)
- doppelseitiges Klebeband
- 1 kleine Schere
- Selbstbräuner (Spray)

So geht's:

1. Schneide die Schablonen aus und klebe ein Stück doppelseitiges Klebeband auf die Rückseite.
2. Drücke die Tattoos fest auf die Haut.
3. Besprühe deinen Körper gleichmäßig mit Selbstbräuner und lass das Spray einziehen.
4. Entferne die Schablonen. Sie zeichnen sich nun als hellere Silhouetten auf der gebräunten Haut ab.

TIPP:

Achte beim Sonnenbaden immer auf ausreichenden Schutz für deine Haut! Bleibe nicht zu lange in der Sonne! Sollten Selbstbräuner und Sonne nicht gleich den gewünschten Effekt zeigen, hab Geduld! Platziere die Tattoos einfach am nächsten Tag wieder an derselben Stelle. Du wirst sehen: Nach ein paar Tagen wird dein Sonnen-Tattoo sichtbar!

Summerlove Diary

Ein Tagebuch – so einzigartig wie deine Erinnerungen.
Halte unvergessliche Momente darin fest!

Die Stempel

Du brauchst:

- mehrere große Radier-
  gummis (circa 6 x 4 cm)
- 1 Bleistift
- Stempelkissen in ver-
  schiedenen Farben
- 1 Linolschneider (gibt's
  im Bastelladen)
- Schablonen: Herz,
  Schleife, Schloss,
  Schmetterling (Basteln 1)

So geht's:

A Lege die Schablone
auf den Radiergummi
und ziehe die Kontu-
ren mit einem Bleistift
nach.

B Entferne mit dem
Linolschneider die
gesamte Fläche rund
um das Motiv, sodass
es etwa 5 mm heraus-
steht.

Das Heft

Du brauchst:

- Kartonpapier für den
  Umschlag (Format
  DIN A5)
- Kartonpapier für das
  Lesezeichen
- Papier für die Innen-
  seiten (Format DIN A5)
- Nadel und bunten
  Faden
- Schleifenband, 20 cm
- Deko: selbstklebende
  Glitzerfolie, Masking
  Tape, Sticker …
- Bastelkleber

So geht's:

1. Falte das Kartonpapier und die Innensei-
ten in der Mitte, falte
das Papier wieder auf
und lege alles bündig
aufeinander. Das Kar-
tonpapier liegt unten.

2. Nähe alle Papiere an
der Falzlinie entlang
mit einem bunten
Faden zusammen und
verknote die Enden.

3. Jetzt verzierst du den
Umschlag:

zum Beispiel mit Mas-
king Tape, Stempeln
oder einem Streifen
Glitzerfolie (15 x 3
cm), den du über den
Heftrücken klebst.

4. Das Lesezeichen:
Klebe das Schleifen-
band auf der letzten
Heftseite fest. Stemp-
le dein Lieblingsmotiv
mehrmals auf Karton-
papier, schneide die
Formen aus und klebe
sie auf das Schleifen-
band.

Love in a Bottle

Aus einer hübschen leeren Flasche wird erst ein romantischer
Kerzenständer und dann eine süße Flaschenpost,
zum Beispiel an deine Ferienliebe …

Love in a Bottle

Du brauchst:

- Briefpapier und Stift
- Schleifenband
- 1 leere (Wein-)Flasche
- Bastelbogen: Flaschen-post (Basteln 1)
- 1 Schere
- Serviettenkleber (gibt's im Bastelladen)
- 1 Pinsel
- 1 Kerze
- 1 Korken

So geht's:

1. Schreibe deine schönsten Urlaubserinnerungen auf, rolle das Blatt zusammen, umwick-le es mit einem Schleifenband und stecke es in die Flasche.

2. Schneide die Banderole aus, klebe sie mit Serviettenkleber auf die Flasche und bestreiche auch die Oberseite der Bande-role mit dem Kleber, damit das Papier wasserabweisend wird.

3. Stecke die Kerze in die Flasche und zünde sie an. Jetzt beginnt das Abschieds-ritual von deinem Urlaub: Wenn die Kerze abgebrannt ist, verschließe die Flasche mit einem Korken und schicke sie als Flaschenpost übers Wasser auf die Reise.

GUT ZU WISSEN:

Serviettenkleber wird nach dem Trocknen durchsichtig und macht Papier wasser-abweisend.

Wish You Were Here

Deine Freundinnen sind gerade viel zu weit weg?
Klebe Fotos von euch auf und verwandle euch in vier niedliche
Beach-Girls. Bald seht ihr euch wieder!

FOTOS VON DEINEN FREUNDINNEN

Schreib mal wieder!

Mit diesen coolen selbst gestalteten Karten kannst du deinen Freunden sagen, wie sehr du sie vermisst!

POP-UP-KARTE

Du brauchst:

Zeichenkarton für Karte und Pop-up-Motive (Format DIN A4) • Schablonen: Palme, Muschel (Basteln 4) • Bleistift, Schere und Bastelkleber

So geht's:

1. Falte einen Bogen Zeichenkarton in der Mitte zu einer DIN-A5-Klappkarte zusammen.
2. Übertrage die Schablone auf einen zweiten Bogen Zeichenkarton, male das Motiv aus und schneide es aus.
3. Knicke das untere Ende des Motivs um und klebe es in die Klappkarte. Achte dabei darauf, dass dein Motiv nicht bereits aus der geschlossenen Klappkarte hervorschaut. Wenn du die Klappkarte öffnest, richten Palme und Muschel sich auf.

BUNTGLASFENSTER-KARTE

Du brauchst:

kariertes Bastelpapier (Format DIN A5) • Lineal, Bleistift und Bastelmesser/ Cutter • farbiges Transparentpapier (Format DIN A6) • Bastelkleber

So geht's:

1. Falte das Bastelpapier in der Mitte und klappe es wieder auf.
2. Schneide in der oberen Hälfte der Karte die Rauten zwischen den Linien mit dem Cutter aus.
3. Klebe farbiges Transparentpapier dahinter. Zwischen den ausgeschnittenen Rauten-Fenstern erinnert es an Buntglasscheiben.

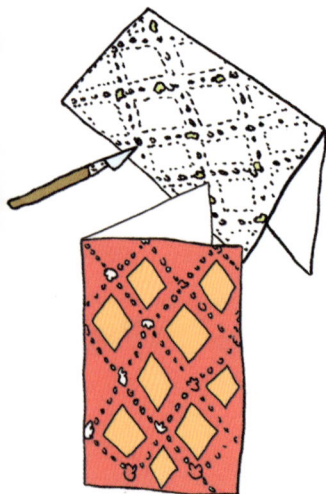

Plastic Fantastic!

Du wirst staunen, was man aus gewöhnlichen Plastikflaschen alles zaubern kann! Tolle Armreifen zum Beispiel. Sie sind auch ein ganz besonderes Geschenk für deine Freundinnen!

Tolle Armreifen!

Du brauchst:

- 1 Plastikflasche (1,5 l)
- Bastelpapier
- 1 kleine Schere
- 1 Schaumstoffpinsel
- Serviettenkleber

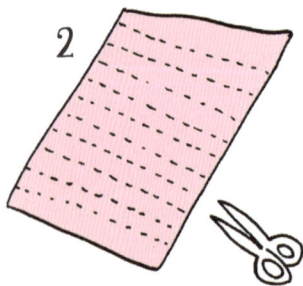

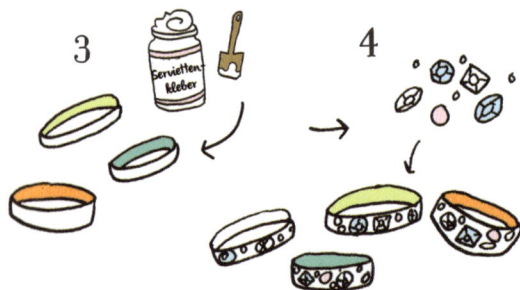

So geht's:

1. Schneide die Wasserflasche vorsichtig in unterschiedlich breite Ringe (1 bis 5 cm).
2. Schneide aus dem Bastelpapier Streifen in der Breite der Plastikringe aus.
3. Bestreiche die Außenseite der Plastikringe mit einer dünnen Schicht Serviettenkleber und klebe die passenden Bastelpapierstreifen um die Ringe. Drücke das Papier dabei fest auf.
4. Bestreiche den Papierring mit einer dünnen Schicht Serviettenkleber und verziere das Armband mit Glitzerpulver und Glitzersteinen.

TIPP:

Für einen sommerlichen Look klebe zusätzlich kleine Muscheln und feine Kieselsteine auf dein Armband. Sie passen toll zu den Glitzersteinen!

Das war unser Sommer

Verewige die schönsten Urlaubsmomente auf dieser tropischen Magnettafel. So bleibt das ultimative Sommer-Feeling noch lange lebendig.

TIPP:

Schneide aus der Magnet-platte einen Kreis in der Größe eines Glitzersteins aus und klebe den Stein darauf. Fertig ist dein funkelnder Mini-Magnet!

MIT LIEBE SELBST GEMACHT

Das war unser Sommer

Du brauchst:

- 1 Magnettafel
- 1 Magnetplatte oder einseitig klebendes Magnetband (gibt's im Bastelladen)
- Motive: Flamingo, Blumen, Muscheln, Palme (Basteln 4)
- Bastelkleber
- 1 Schere

So geht's:

1. Schneide Flamingo, Muscheln, Palme und Blumen aus.
2. Klebe die Motive auf die Magnetplatte und schneide sie aus. Fertig sind deine Gute-Laune-Magnete im Sommer-Look!

TIPP:

Schneide die Blüten-blätter ein Stück ein und falte sie leicht nach vorn, bevor du die Blüte auf den Magneten klebst. So sehen die Blüten noch echter aus!

TIPP:

Verziere die Motive für die Magnete zu-sätzlich mit Glitzer-stiften, Glitzerpulver und Glitzersteinen!

Finde deinen persönlichen Stil!

Trage auf dieser Seite Farben, Muster und Bilder aus Zeitschriften zusammen, die dir gefallen und die dich inspirieren. Mit einem solchen „Moodboard" arbeiten auch Designer. Es hilft dir dabei, deinen eigenen Stil zu finden!

Paradiesisches Dinner

Diese zauberhafte Tischdeko sorgt bei einem Essen mit deinen Freunden für das ultimative Südsee-Feeling!

COCKTAIL MIT PERLENKETTE

Du brauchst:

- 1 Cocktailglas
- 1 dünnes Elastikband (ca. 22 cm)
- 1 Nadel
- bunte Perlen zum Auffädeln

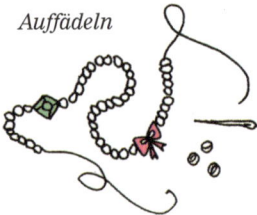

So geht's:

1. Fädle mit der Nadel die Perlen auf das Elastikband.

2. Verknote die Enden der Perlenkette und wickle die Kette um den Stiel des Cocktailglases. Am besten, du verwendest für jede Kette andersfarbige Perlen. So erkennen deine Partygäste ihre Gläser immer sofort wieder. Am Ende der Party kann jeder Gast sein eigenes Perlenarmband als Andenken mit nach Hause nehmen.

SERVIETTENRING MIT SCHMETTERLING

Du brauchst:

- Bastelpapier
- Bleistift, Lineal und Schere
- Schablone: Schmetterling (Basteln 1)
- Bastelkleber
- Klebeband
- 1 Serviette

So geht's:

1. Schneide aus einem hübsch gemusterten Bastelpapier einen 3 x 20 cm großen Streifen aus.

2. Übertrage die Schmetterlingsschablone auf einen zweiten, andersfarbigen Bogen Bastelpapier und schneide die Form aus.

3. Klebe den Körper des Schmetterlings (nicht die Flügel!) auf den Papierstreifen und falte die Flügel leicht nach oben. So sieht es aus, als ob der Schmetterling fliegt!

4. Lege zum Schluss die Banderole um die Serviette und klebe die Enden mit Klebeband zusammen. Fertig ist dein Serviettenring!

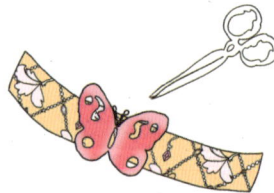

Romantik bei Kerzenschein

Diese dekorativen Teelichthalter sorgen nicht nur für gemütliche Stimmung in deinem Zimmer, sie sind auch ein tolles Geschenk für deine Freundinnen!

Romantik bei Kerzenschein

So geht's:

1. Schneide einen 7 x 17 cm und einen 9 x 17 cm großen Streifen aus dem Bastelpapier und aus dem Seidenpapier aus.

2. Stanze mit der Lochzange ein Lochmuster in das Bastelpapier.

3. Klebe das Seidenpapier auf die Rückseite des Bastelpapiers.

4. Schneide einen Schriftzug, eine kleine Zeichnung oder ein Foto von dir und deiner Freundin aus und klebe das Bild an den oberen Rand des Bastelpapierstreifens.

5. Lass alles gut trocknen und klebe zum Schluss die Papierenden zu einem Ring zusammen.

Du brauchst
(für 2 Teelichthalter):

- *2 Teelichter*
- *gemustertes Bastelpapier (7 x 17 cm und 9 x 17 cm)*
- *Seidenpapier (7 x 17 cm und 9 x 17 cm)*
- *Lineal und Schere*
- *Bastelkleber*
- *1 Lochzange*

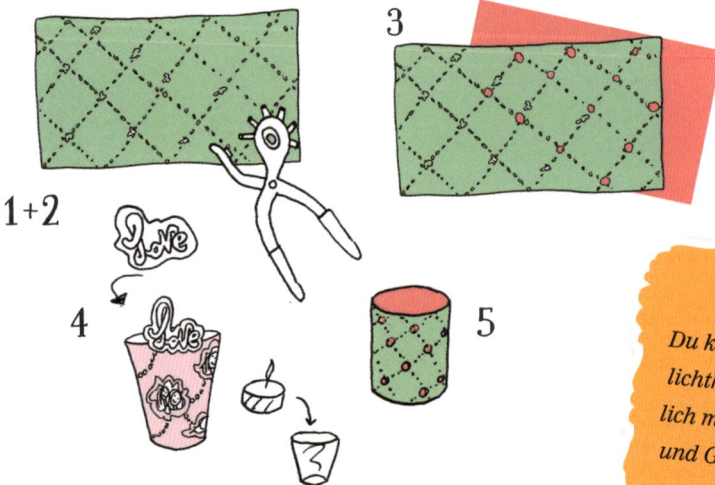

3

1+2

4

5

TIPP:
Du kannst die Teelichthalter zusätzlich mit Glitzerstift und Glitzersteinen verzieren!

WICHTIG! LASS DIE KERZEN NIE UNBEAUFSICHTIGT!

Traumhaus mit Garten

Was in diesem kleinen Gärtchen sprießt, sieht nicht nur hübsch aus, sondern ist auch superlecker und gesund!

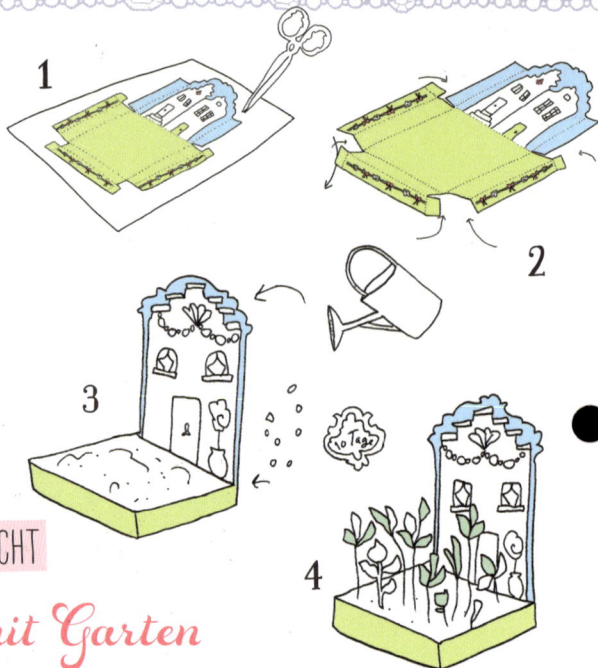

Traumhaus mit Garten

Du brauchst:

- Bastelbogen: Traumgarten (Basteln 5)
- selbstklebende Transparentfolie
- 1 Schere
- Bastelkleber
- Watte
- Kressesamen (gibt's in der Drogerie oder im Supermarkt)

So geht's:

1. Schneide den Bastelbogen aus und beklebe die Vorderseite mit Transparentfolie.

2. Das Haus: Falte das Haus an der gestrichelten Linie nach oben, falte die blauen Seitenteile nach hinten und klebe sie an der Rückwand des Hauses fest. Der Garten: Falte die drei Seiten entlang der gestrichelten Linien nach oben, klebe die vorderen Ecken zwischen die Seitenteile und die hinteren Ecken an die Rückseite des Hauses.

3. Lege die Watte ins Kästchen, befeuchte sie mit Wasser und streue die Kressesamen darüber.

4. Jetzt heißt es nur noch: Gießen und Geduld!

TIPP:

Du musst die Watte immer schön feucht halten, am besten zweimal täglich mit Wasser besprühen. Dabei solltest du die Sprösslinge nicht berühren. Nach 8 bis 10 Tagen kannst du die erste Kresse ernten.

Dein Party-Planer

Welche Snacks, Desserts und Getränke dürfen bei deiner nächsten Party auf keinen Fall fehlen? Schreibe eine Liste!

SUMMER - BAR

Sommer-Snacks

Diese hübschen Snacks sind blitzschnell zubereitet und eine leckere Erfrischung auf jeder Party.

Gurkenblumen

Du brauchst:

- 1 Gurke
- 10 schwarze Oliven, entsteint
- 1 Blumen-Ausstechform
- Cocktailspieße
- grobes Meersalz

So geht's:

Schäle die Gurke, schneide sie in circa 1 cm dicke Scheiben und stich mit der Form die Blumen aus. Lege je eine Olive auf jede Gurkenblume und fixiere sie mit einem Cocktailspieß. Bestreue die Gurkenblumen zum Schluss mit etwas Meersalz.

Früchtepalme

Du brauchst:

- 2 Kiwis
- 1 Banane
- 1 Mandarine
- 2 rote Weintrauben

So geht's:

Schäle die Kiwis und viertele sie (für die Blätter). Schäle die Banane, halbiere sie der Länge nach und schneide sie in Stücke (für den Stamm). Für den Boden nimmst du Mandarinenstücke. Die Weintrauben sind die Kokosnüsse.

Melonensterne

Du brauchst:

- Wassermelone
- 1 Sternchen-Ausstechform

So geht's:

Schneide die Melone in circa 1 cm dicke Scheiben und entferne die Kerne. Stich mit der Form kleine Sterne aus und arrangiere sie dekorativ auf einer hübschen Platte.

Sweet & Special

Einfach, aber originell: Mit diesen farbenfrohen Deko-Schildchen werden Früchte und Cupcakes zu kleinen Kunstwerken oder sogar zu Überbringern süßer Liebesbotschaften!

Sweet & Special

Du brauchst:

- Cupcakes (am besten selbst gebacken!)
- Bastelkarton
- 1 Zirkel
- 1 Bleistift
- 1 Schere u. Bastelmesser
- Klebefolie
- Zuckerguss*
- bunte Zuckerstreusel
- Deko-Schildchen (Basteln 6)
- Zahnstocher
- Klebeband

So geht's:

1. Zuerst bastelst du die Herz-Schablone: Zeichne mit dem Zirkel einen Kreis auf Bastelkarton (in der Größe des Cupcakes). Schneide die Scheibe aus und zeichne ein Herz in die Mitte. Beklebe die Scheibe von beiden Seiten mit Folie und schneide das Herz aus. Jetzt hast du eine abwischbare Schablone.

2. Lege die Schablone auf einen Cupcake und streiche die herzförmige Aussparung mit Zuckerguss ein.

3. Streue Zuckerstreusel darüber. Warte, bis der Zuckerguss fest ist, und nimm die Schablone ab.

4. Schneide deine Lieblingsmotive für die Deko-Spießchen aus und befestige sie mit Klebeband an einem Zahnstocher. Dekoriere die Cupcakes damit.

1

2

3

4

LIEBESBEEREN

Du brauchst: Erdbeeren • Motiv Pfeil (Basteln 6) • Zahnstocher
So geht's: Schneide die Pfeilspitze und das Pfeilende aus. Stich einen Zahnstocher durch die Erdbeere. Klebe Pfeilspitze und -ende vorn und hinten an den Zahnstocher.

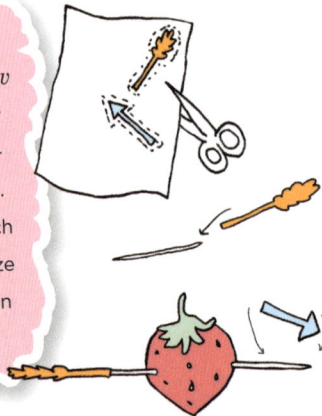

*ZUCKERGUSS

3 EL Puderzucker und 3 EL Wasser mit einem Schneebesen verrühren, für bunten Zuckerguss noch ein paar Tropfen Lebensmittelfarbe dazugeben.

*Süßes und Saures, herz-
hafte Snacks, Gebäck
und Obst sehen auf
bunten Tellern und
Schälchen noch viel
leckerer aus!*

Sommerlich
servieren

Sommerlich servieren

Du brauchst:

- Glasteller und Glas-schälchen (gibt's auch auf dem Flohmarkt!)
- 1 Bleistift
- 1 Schere
- Bastelpapier
- Serviettenkleber
- 1 Schaumstoffpinsel

So geht's:

1. Lege den Glasteller umgekehrt aufs Bastelpapier. Zeichne die Umrisse des Tellers nach und schneide die Form aus.

2. Bestreiche die Oberseite des Bastelpapiers mit einer dünnen Schicht Serviettenkleber und klebe das Papier, mit dem Muster nach oben, auf die Unterseite des Glastellers. Dann bestreichst du auch die Rückseite des Bastelpapiers mit Serviettenkleber. So wird das Papier wasserabweisend (aber nicht spülmaschinenfest!).

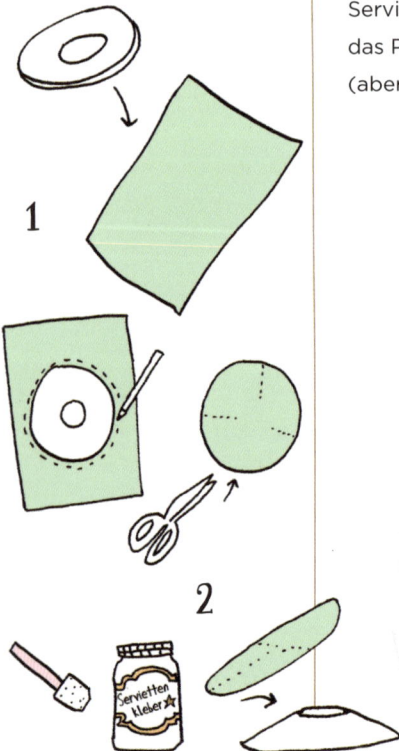

1

2

TIPP:

Bei Schälchen oder Tellern, die nicht ganz flach sind, schneide die kreisförmigen Bastelpapier-Zuschnitte am Rand an ein paar Stellen ein. Nun kannst du das Papier an die Unterseite des Tellers/des Schälchens kleben. Die eingeschnittenen Stellen werden sich leicht überlappen.

Flaschenpost

Sonnen-Tattoos,
Stempel &
Serviettenring

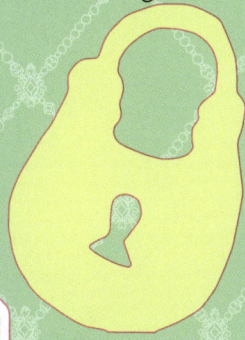

Paradise Cool &
Clutch

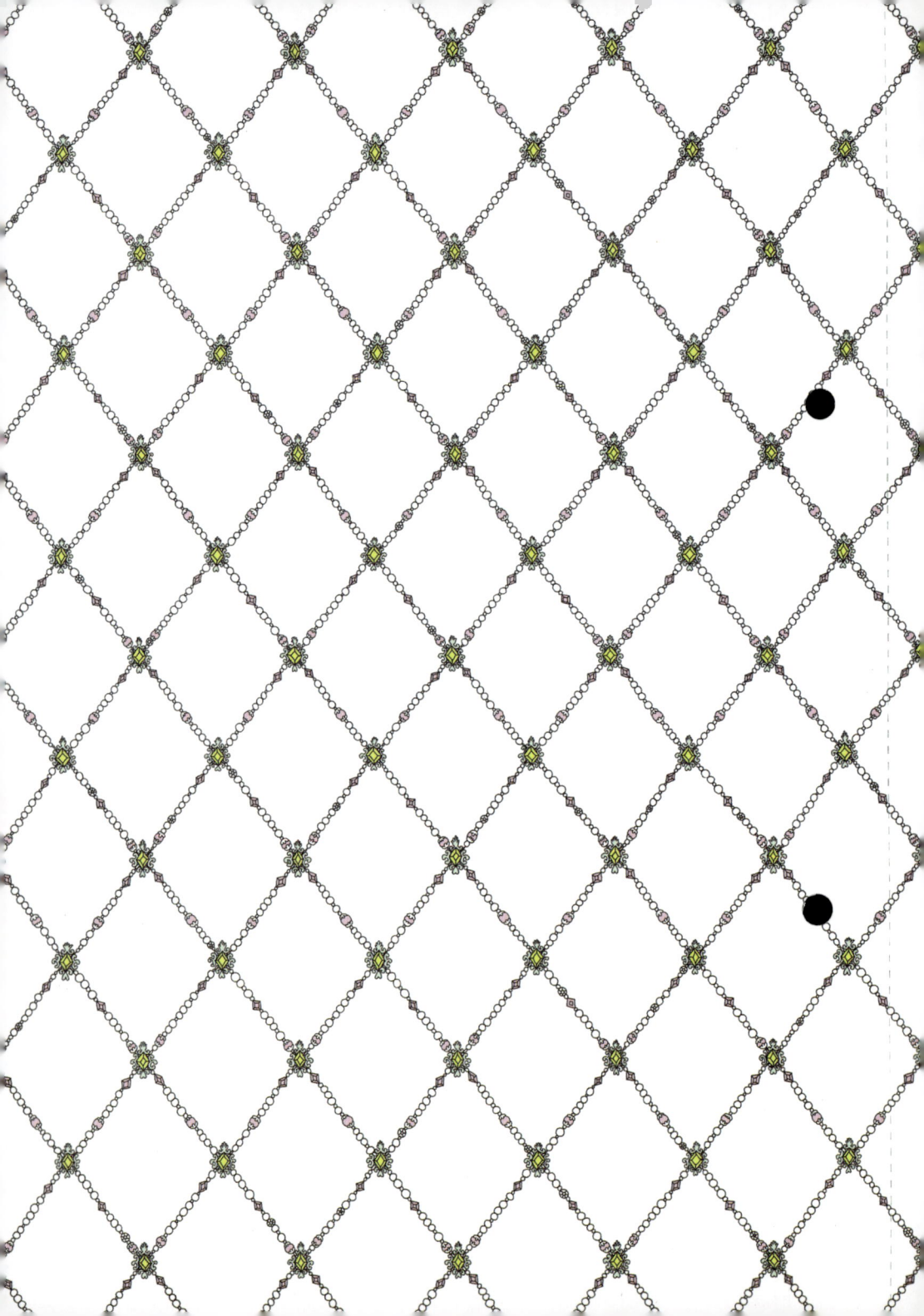

Papiertüte

AUSSCHNEIDEN

AUSSCHNEIDEN

----- = FALZLINIE

Pop-up-Karte

BASTELN 4

Magnettafel

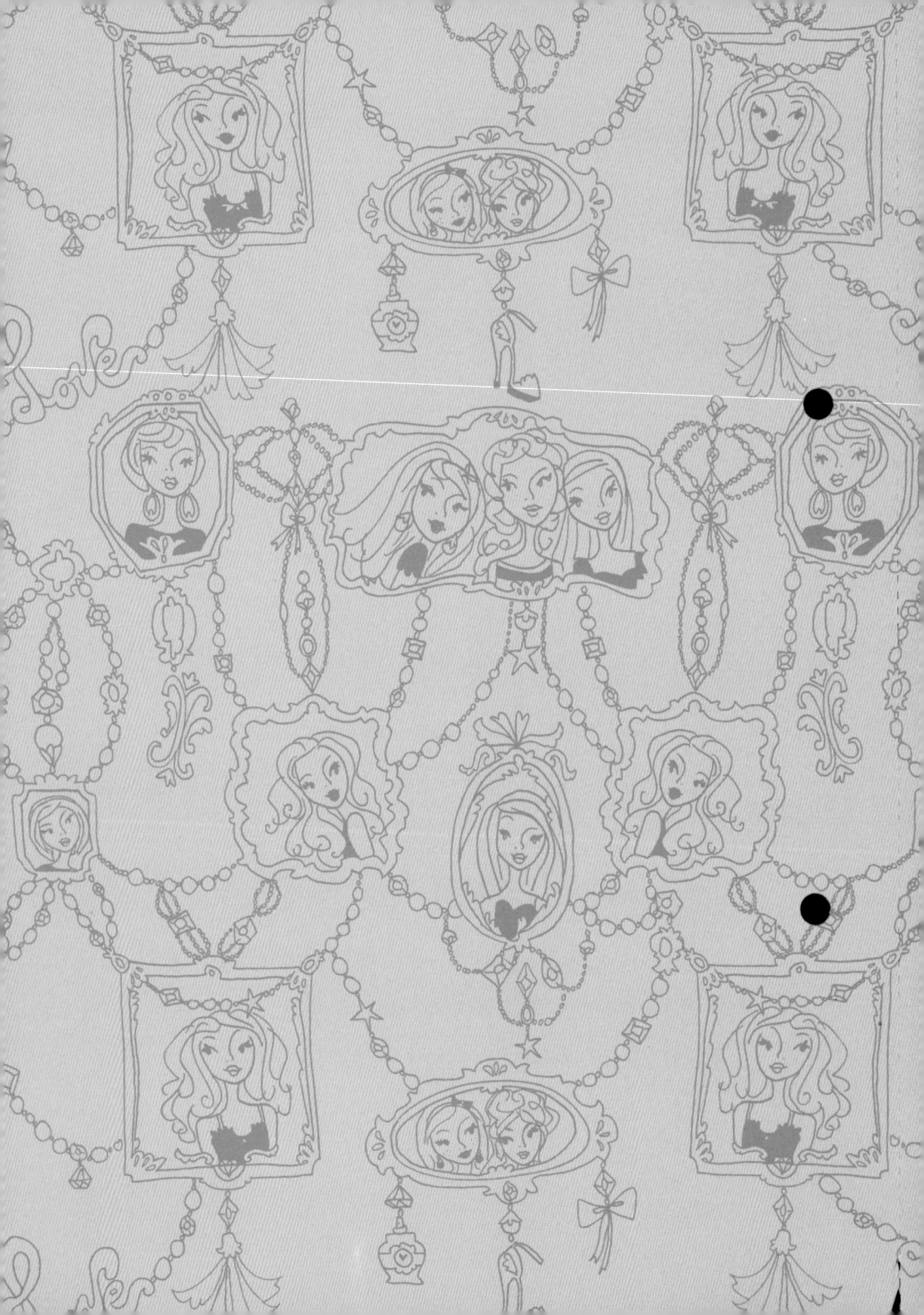

Traumgarten

= FALZLINIE

AUSSCHNEIDEN

AUSSCHNEIDEN

Sweet & Special

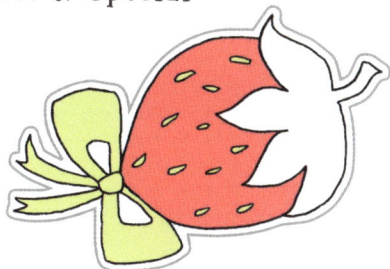

YOU♥ARE CHERRY SWEET

Sweet

Love